BEI GRIN MACHT SICH IHR WISSEN BEZAHLT

- Wir veröffentlichen Ihre Hausarbeit, Bachelor- und Masterarbeit

- Ihr eigenes eBook und Buch - weltweit in allen wichtigen Shops

- Verdienen Sie an jedem Verkauf

Jetzt bei www.GRIN.com hochladen und kostenlos publizieren

Krafttrainingsplan für Anfänger zum Schutz vor Übergewicht und Bandscheibenvorfall

Jonas Neuffer

Bibliografische Information der Deutschen Nationalbibliothek:

Die Deutsche Nationalbibliothek verzeichnet diese Publikation in der Deutschen Nationalbibliografie; detaillierte bibliografische Daten sind im Internet über http://dnb.d-nb.de abrufbar.

ISBN: 9783346848499
Dieses Buch ist auch als E-Book erhältlich.

© GRIN Publishing GmbH
Nymphenburger Straße 86
80636 München

Alle Rechte vorbehalten

Druck und Bindung: Books on Demand GmbH, Norderstedt Germany
Gedruckt auf säurefreiem Papier aus verantwortungsvollen Quellen

Das vorliegende Werk wurde sorgfältig erarbeitet. Dennoch übernehmen Autoren und Verlag für die Richtigkeit von Angaben, Hinweisen, Links und Ratschlägen sowie eventuelle Druckfehler keine Haftung.

Das Buch bei GRIN: https://www.grin.com/document/1340876

Deutsche Hochschule für
Prävention und Gesundheitsmanagement
Hermann Neuberger Sportschule 3
66123 Saarbrücken

Einsendeaufgabe

Fachmodul: Trainingslehre I

Studiengang: Bachelor of Arts Sportökonomie

Datum
Präsenzphase: 22.06. – 25.06.2020

Name, Vorname: Neuffer, Jonas

Studienort: **Stuttgart**

Semester: **WS 2019**

Inhaltsverzeichnis

1 Diagnose

1.1 Allgemeine und biometrische Daten

Tab. 1: Allgemeine Daten (eigene Darstellung)

Alter	45
Geschlecht	männlich
Trainingsmotiv	Muskelaufbau, Rückenstärkung
Berufliche Tätigkeit	Industriekaufmann
Frühere sportliche Aktivitäten	-
Aktuelle sportliche Aktivitäten	1x in der Woche (Freitags) 60 min Indoorsoccer
Leistungsstufe	Beginner
Zeitlicher Verfügungsrahmen	Jeden Tag ab 15 Uhr, außer Freitags und am Wochenende viel unterwegs

Tab. 2: Biometrische Daten (eigene Darstellung)

Messung von:	Ergebnis	Normwert	Einordnung
Körpergröße in cm	180	-	-
Körpergewicht in kg	75	-	-
BMI in kg/m²	23,1	18,5 – 24,9	Normalgewicht
Blutdruck in mmHg	Systolisch: 129 Diastolisch: 87	120/80 -129/84	Hochnormal

Der Blutdruck liegt Systolisch noch knapp im normalen Bereich (120 – 129), Diastolisch aber im Hochnormalen Bereich (84 – 89), weshalb der Blutdruck als Hochnormal einzuordnen ist (siehe Tab. 4). Der BMI der Person liegt mit 23,1 im Bereich des Normalgewichtes, der von 18,5 bis 24,9 erstreckt (siehe Tab. 3). Der allgemeine Gesundheitszustand der Person sieht also von den Daten her gut aus. Dennoch klagt die Person aufgrund ihres Bürojobs über Nacken – und insbesondere Rückenschmerzen, die durch eine schlechten Haltung zustande kommen, die aktuell noch keinen Ausgleich durch Sport findet. Die Person befindet sich zurzeit in keiner Behandlung und nimmt auch keine Medikamente ein, was sie vollständig, mit etwas Achtung auf die Verspannungen im Wirbelsäulenbereich, trainier- und belastbar macht.

Tab. 3: Gewichtsklassifikation eines Erwachsenen anhand des BMI (modifiziert nach WHO, 2000, S.9)

Kategorie	BMI	Risiko für Begleiterkrankungen des Übergewichts
Untergewicht	< 18,5	Niedrig
Normalgewicht	18,5 – 24,9	Durchschnittlich
Übergewicht	≥ 25,0	

Präadipositas	25,0 – 29,9	gering erhöht
Adipositas Grad I	30 – 34,9	erhöht
Adipositas Grad II	35 – 39,9	hoch
Adipositas Grad III	≥ 40	sehr hoch

Tab. 4: Definition und Klassifikation der Blutdruckwerte (modifiziert nach der Deutschen Hochdruckliga, 2001, S.17)

Bewertung	Systolisch in mmHg	Diastolisch in mmHg
Optimaler Blutdruck	< 120	< 80
Normaler Blutdruck	120 - 129	80 – 84
Hoch-Normaler Blutdruck	130 - 139	85 - 89
Milde Hypertonie (Stufe 1)	140 – 159	90 – 99
Mittlere Hypertonie (Stufe 2)	160- 179	100 – 109
Schwere Hypertonie (Stufe 3)	> 180	> 110
Isolierte systolische Hypertonie	> 140	< 90

1.2 Krafttestung

Um die Kraft der Person herauszufinden wird der Mehrwiederholungstest (X-RM-Test) benutzt. Einen Trainingseinsteiger kann man zu Beginn nicht direkt mit einem Maximalkrafttest belasten. Hierbei wäre das Verletzungsrisiko zu hoch, ebenso wie das Risiko, dass das gewählte Gewicht des Trainers zu schwer für den Trainierenden und somit eine Demotivation die Folge ist. Den Trainingseinsteiger selbst entscheiden zu lassen, wann ihm das Gewicht und die Intensität der Ausführung hoch genug seien, würde nicht das Maximale aus ihm rausholen, da er sich selber nicht so viel zutraut und gegebenenfalls nicht weiß, wie er eine Übungsausführung, aufgrund von Unerfahrenheit, als sehr schwer einordnen kann. Ein erfahrener Trainer an der Seite des Trainierenden, der sowohl über das Einstiegsgewicht entscheidet, als auch objektiv entscheidet, wann die Gewichtsgrenze einer Übung bei 10 Wiederholungen des Trainierenden erreicht ist, garantiert ein Ergebnis, an welchem sich in den weiteren Zyklen des Krafttrainings mit den Intensitäten orientieren lässt. Diese Voraussetzungen sind beim Mehrwiederholungstest gegeben.

Der X-RM-Test startet mit der Auswahl der Testübungen. Hierbei werden die Übungen gewählt, die später auch in den Mesozyklen ausgeführt werden. Da der Trainierende einen besonderen Fokus auf die Stärkung der Rückenmuskulatur legen will, wird es sich hierbei auch um Rückenübungen handeln. Des Weiteren werden die anderen Trainingsziele der Person festgelegt. Da die Person sich bei ihren Kraftzyklen besonders auf den Muskelaufbau konzentrieren will, wird die Wiederholungszahl Zehn für den X-RM-Test festgelegt, also ein 10-RM-Test. Nun wird ein allgemeines Aufwärmen durchgeführt. Hierbei beansprucht man den ganzen Körper um diesen auf die bevorstehende Belastung vorzubereiten. Blutdruck und Kreislauf passen sich dabei an die Belastung an, so dass der Trainierende nicht kalt in das Training startet und somit Verletzungen vorgebeugt werden. Anschließend geht man beim Aufwärmen auf die bestimmten Muskelgruppen ein, die im Test gefordert werden und führt die Testübungen mit geringem Gewicht und ebenso geringer Intensität durch, dass jetzt die einzelnen Muskeln auf die Übungen vorbereitet werden. Hierbei wird der Trainierende vom Trainer in die Maschinen eingewiesen und kann sich schon mit den Übungen und den Bewegungsabläufen vertraut machen. Der Trainer setzt anschließend die Gewichte der Testsätze der einzelnen Übungen fest. Da der Trainierende ein Einsteiger im Fitnesssport ist und sich mit solchen Übungen auf hoher Intensität wenig auskennt, wählt der Trainer ein geringes Gewicht, welches im Laufe der Testsätze pro Übung weiter erhöht oder verringert werden kann. Nun werden drei Testsätze durchgeführt, wobei nach jedem Satz mit zehn Wiederholung eine Erholungspause und das Gewicht für den nächsten Satz je nach Durchführung bestimmt werden kann.

Tab. 5: Mehrwiederholungstestdokumentation bei zehn Wiederholungen (eigene Darstellung)

Testübung	1. Testsatz	2. Testsatz	3. Testsatz	Ergebnis
Rudermaschine (sitzend)	25 kg	27,5 kg	30 kg	27,5 kg
Bauchmaschine (sitzend)	20 kg	22,5 kg	25 kg	25 kg
Armbeugen Maschine (sitzend)	17,5 kg	22,5 kg	25 kg	25 kg
Butterfly Maschine (sitzend)	20 kg	25 kg	30 kg	30 kg
Beinstrecken Maschine (sitzend)	42,5 kg	47,5 kg	50 kg	50 kg
Latzug zum Nacken (am Gerät sitzend)	30 kg	35 kg	32,5 kg	32, 5 kg
Rückenstrecker (am Gerät sitzend)	15 kg	17,5 kg	20 kg	20 kg

Schlussfolgernd aus dem 10-RM-Test für diese sieben Übungen kann man sagen, dass der Trainierende von den Gewichten und den gezogenen Lasten her, kein klassischer Anfänger ist. Es ist erkennbar, dass sich dieser, mit seiner einen Einheit Indoorsoccer in der Woche, ein wenig fit hält. Ebenso ist erkennbar, dass die Person bei der Rückenübung ohne Armunterstützung (Rückenstrecker) am Wenigsten Gewicht drücken konnte. Das bestätigt die fehlende Rückenmuskulatur, wobei diese Übung am Schluss der Testübungen kam und daher die Kraft des Trainierenden ein wenig erschöpft ist. Allgemein ist bei diesen auszuführenden Übungen viel Fokus auf den Oberkörper gelegt, der daher viel Belastung über die Testsätze verarbeiten muss und daher die Ergebnisse wahrscheinlich nicht dieselben, wie bei einer anderen Reihenfolge der Übungen, seien würde. Dennoch ist eine Intensitätssteuerung anhand dieser Ergebnisse gut möglich, da der Trainierende im Laufe der Testsätze nicht völlig erschöpft war. Ebenso sind die Ergebnisse für die weitere Trainingsplanung gut geeignet, da auf über den Makrozyklus mit mehreren Wiederholungen gearbeitet wird, weshalb der 10-RM-Test den Trainierenden und den Trainer schon gut für den weiteren Verlauf des Krafttrainings vorbereitet.

2 Zielsetzung/Prognose

Tab. 6: Dokumentation der drei Trainingsziele des Trainierenden (eigene Darstellung)

Ziel:	Inhalt	Ausmaß	Zeit
1.	Der Trainierende soll sich durch Kraftausdauertraining vor dem Übergewicht schützen und seinen BMI weiter senken.	Da der Trainierende bereits im Bereich des Normalgewichts liegt, soll der aktuelle BMI von 23,1 auf 22,5 gesenkt werden. Der Trainierende muss also 2 kg abnehmen.	Es soll das Ziel sein, dass Gewicht von 73 kg in den ersten sechs Wochen zu erreichen und über den weiteren Trainingsplan und den Muskelaufbau dann weiter zu halten.
2.	Der Trainierende soll durch Hypertrophie im Rückenbereich Gefahren, wie einen Bandscheibenvorfall vorbeugen.	Der Trainierende soll durch das Krafttraining seine aktuellen Beschwerden komplett beseitigen.	Da die Rückenschmerzen ihn durch seinen Alltag begleiten, ist dieses Ziel ein langfristiges Ziel, was auch nach dem Trainingsplan im Fokus bleiben soll, weshalb keine genaue zeitliche Abstimmung stattfindet. Eine Aufnahme des Zwischenstands zur Orientierung findet nach zwölf Wochen statt.
3.	Die allgemeine Körperspannung und Körperhaltung des Trainierenden soll stabiler und aufrechter werden, da dieser durch seine Körperhaltung im Büro vor dem Computer nicht aufrecht geht und sitzt.	Durch Muskelaufbau im ganzen Oberkörper, wodrauf auch im Trainingsplan der Fokus liegt, soll der Trainierende eine bessere Körperspannung an den Tag legen, die im erlaubt, während der Arbeit aufrecht zu sitzen und die Schultergelenke neben dem Schultergürtel zu halten.	Auch dieses Ziel soll langfristig angestrebt werden und auch nach dem Trainingsplan weiterverfolgt und bestärkt werden. Auch hier findet zur Orientierung nach 12 Wochen eine Aufnahme des Zwischenstands statt.

3 Trainingsplanung Makrozyklus

Tab. 7: Makrozyklusplanung des Trainierenden: deduktiver Ansatz auf der Basis des 10-RM-Tests mit der ILB-Methode (eigene Darstellung)

	Mesozyklus I	Mesozyklus II	Mesozyklus III	Mesozyklus IV
Zyklusdauer	6 Wochen	6 Wochen	6 Wochen	6 Wochen
Trainingsziel	Kraftausdauer	Muskelaufbau	Muskelaufbau	Maximalkraft
Einheiten pro Woche	2	2	2	2
Organisations- form	GK/Circuit	GK/Station	GK/Station	GK/Station
Übungen pro Muskelgruppe	1-2	1-2	1-2	1-2
Sätze pro Übung	2	2	2	2
Satzpausen	60 Sekunden	60 Sekunden	60 Sekunden	90 Sekunden
Wiederholungen	20	12	8	5
Intensität	50-70 % des ILB	50-70 % des ILB	50-70 % des ILB	50-70 % des ILB
Bewegungs- tempo	2-0-2	2-0-2	2-0-2	2-0-2

Als Trainingsmethode des Makrozyklus des Trainingseinsteigers wird die ILB-Methode gewählt. Hierbei kann die Intensitätssteuerung auf Basis des zuvor durchgeführten Mehrwiederholungstests gut gesteuert werden (Eifler, 2013). Da die Person voll leistungsfähig ist, ist die ILB-Methode für diese am geeignetsten, da man ohne Probleme den Mehrwiederholungstest zu Beginn durchführen kann, wobei der Trainierende an seine Grenzen geht, und nachher das Training gezielt über die Prozentsätze der Intensität steuern kann (Haupert, 2007). Da der Fokus bei den Trainingsmotiven besonders auf dem Muskelaufbau liegt, wird hier gezielt das Muskelaufbautraining in den Mittelpunkt gesetzt. Der Einsteiger wird den Makrozyklus mit einer Blockperiodisierung durchlaufen, wobei bei allen Mesozyklen die gleiche Wochenanzahl vorliegt. Das Muskelaufbautraining, mit zwölf Wochen, überliegt den anderen Zielen, wodurch die Motive des Trainierenden gedeckt werden sollen. Als Intensität für den Einsteiger wird für den Makrozyklus der Rahmen von 50-70 % des ILB genommen, so dass keine Überbelastung des Beginner vorkommen kann, und das Verletzungsrisiko durch zu große Gewichte gesenkt wird. Die Muskelgruppen werden im Makrozyklus mit ein bis zwei Übungen, was für den Beginn völlig ausreichend ist, belastet, wobei die Rückenmuskultur bei einer Übung gezielt beansprucht wird (Rückenstrecker) und beim Latzug zum Nacken und bei der Rudermaschine zusammen mit den Armen beansprucht werden. Ansonsten liegt der Fokus auf dem Ganzkörpertraining, wobei alle Muskelgruppen mit mindestens einer Übung beansprucht werden sollen. Alle Übungen werden mit zwei Sätzen ausgeführt, da ein Satz pro Übung bei einer Intensität von 50 bis 70 % des ILB den vollbelastbaren Trainierenden wahrscheinlich unterfordern würde. Damit der Körper des Trainierenden es schwer hat die Übungen durchzuführen, wird daher noch ein zweiter Satz hinten dran gehängt (Borg, 2004). Das Training allgemein wird zwei Mal pro Woche durchgeführt, wobei der Trainierende zeitlich nachmittags sehr flexibel ist und sich daher regelmäßig dem Training widmen kann. Zusammen mit der Freitagseinheit beim Indoorsoccer kommt der Trainierende auf drei Sporteinheiten in einer Woche, was das Erreichen der Trainingsziele positiv unterstützt.

Damit sich der Körper und die Muskelgruppen an die Belastung beim Training gewöhnen können, wird im ersten Block ein Circuit-Training durchgeführt, wobei zwischen den Sätzen der Übungen pro Muskelgruppe die weiteren Übungen absolviert werden (Heldt, 2008). Ab dem zweiten Block wird dann das Stationstraining verwendet, um den Muskelaufbau anzuregen und die Muskeln während dem Training schnell zur Ermüdung zu bringen, da hierbei zwei Sätze pro Übung direkt hintereinander ausgeführt werden. Da eines der Trainingsziele, den BMI zu senken, schon nach den ersten sechs Wochen erreicht werden soll, wird mit dem Kraftausdauertraining, verbunden mit dem Circuit-Training angefangen. Beides zusammen soll den Stoffwechsel über die ersten Wochen während dem Training so anregen, dass das erste Ziel erreicht wird, und sich in den restlichen 18 Wochen auf die weiteren Ziele, insbesondere den Muskelaufbau, konzentrieren kann.

4   Trainingsplanung Mesozyklus

Tab. 8: Allgemeine Daten des Mesozyklus III (eigene Darstellung)

	Mesozyklus III
Zyklusdauer	6 Wochen
Spezifisches Trainingsziel	Muskelaufbautraining
Trainingseinheiten pro Woche	2
Organisationsform	Stationstraining
Übungen pro Muskelgruppe	1-2
Sätze pro Übung	2
Satzpausen	60 Sekunden
Wiederholungszahl	8
Intensität	50-70 %
Bewegungstempo	2-0-2

Tab. 9: Trainingsplan des Mesozyklus III (eigene Darstellung)

Übung	Krafttest Maximales Gewicht in kg	Woche 1 50% der Intensität in kg	Woche 2 50% der Intensität in kg	Woche 3 60% der Intensität in kg	Woche 4 60% der Intensität in kg	Woche 5 70% der Intensität in kg	Woche 6 70% der Intensität in kg
Ruderma-schine (am Gerät sit-zend)	27,5	13,75	13,75	16,5	16,5	19,25	19,25
Bauchma-schine (sit-zend)	25	12,5	12,5	15	15	17,5	17,5
Armbeu-gen Ma-schine (sit-zend)	25	12,5	12,5	15	15	17,5	17,5
Butterfly Maschine (sitzend)	30	15	15	18	18	21	21
Beinstre-cken Ma-schine (sit-zend)	50	25	25	30	30	35	35
Latzug zum Na-cken (am Gerät sit-zend)	32,5	16,25	16,25	19,5	19,5	22,75	22,75
Rücken-strecker (am Gerät sitzend)	20	10	10	12	12	14	14

Da es sich beim Trainierenden um einen Trainingseinsteiger handelt, wurden bei den Übungen besonders Maschinengestützte gewählt. Hierbei gewöhnt sich die Person über die Zyklen an die Bewegungsabläufe, wodurch das Training ohne großes Verletzungsrisiko durchgeführt werden soll (Beam, Fakhoury, Myers, 2017). Der Trainer erklärt der Person beim Krafttest die Übungen und die Bedienung der Maschine, wodurch der Trainierende im weiteren Krafttraining selbstständig trainieren kann, ohne dass ein Trainer, wie beim Freihanteltraining, auf Haltung und Ausführung achten muss. Mit der Übung Latzug zum Nacken und der Rudermaschine befinden sich zusätzlich zwei Seilzugmaschinen im Trainingsplan. Durch diese Übungen, die beide im Sitzen durchgeführt werden, soll vor allem die obere Rückenpartie gestärkt werden. Wobei bei beiden Übungen aktiv die Oberarmmuskulatur beansprucht wird und bei der Rudermaschine die Oberschenkelmuskulatur noch zusätzlich im Vordergrund stehen. Die eben genannten Übungen sind auch die einzigen Mehrgelenkigen Übungen, was das Training für den Beginner durch mehr eingelenkige Übungen simpel gestalten soll. Bei den meisten Übungen wird nur eine Muskelgruppe beansprucht, was auch eine Regenerationspause der Muskeln zwischen den Übungen garantieren soll. Gezielt wurde bei der Übungsauswahl auf den Aufbau der Rückenmuskulatur geachtet. Das Trainingsziel der Beseitigung der Rückenschmerzen soll somit in Anspruch genommen werden und durch eine bessere Haltung im Oberkörper erledigt werden (Höllinger, Klöckner, Pussert & Schneider, 1996, S. 129-180). Die Rudermaschine, der Latzug zum Nacken und der Rückenstrecker sind die Übungen, welche gemeint sind. Der Rückenstrecker arbeitet dabei als einzige Maschine nur mit der Rückenmuskulatur ohne weitere Arm- oder Beinunterstützung. Insgesamt beziehen sich, abgesehen von der Beinstreckmaschine und der Rudermaschine, alle Übungen auf den Muskelaufbau im Oberkörper. Dadurch soll auch das Ziel einer besseren und gesünderen, aufrechteren Haltung gemeistert, und durch diese Kombination der Übungen die Trainingsziele des Trainierenden erreicht werden.

Die Rudermaschine beansprucht die bereits weiter oben genannten Muskelgruppen (Rückenmuskulatur, Oberarmmuskulatur, Beinmuskulatur) und eignet sich dadurch gut als erste Übung für den Trainingsplan, auch um zu Beginn des Trainings den ganzen Körper zu aktivieren. Um den Antagonisten der Rückenmuskulatur zu trainieren, wurde als zweite Übung die Bauchmaschine (sitzend) gewählt. Hierbei wird vor allem der gerade Bauchmuskel beansprucht. Die Rückenmuskulatur kommt dabei in eine Dehnung. Durch eine stärkere Bauchmuskulatur wird auch der Rücken und der gesamte Oberkörper stabiler, wodurch auch das Ziel der besseren Körperhaltung angegangen wird, was die Auswahl dieser Übung erklärt. Beim Armbeugen an der Maschine (sitzend) wird in der konzentrischen Phase der Bizeps und in der exzentrischen Phase der Trizeps beansprucht. Eine simple, eingelenkige Übung, die zum Aufbau der Oberarmmuskulatur dienen soll und dadurch auch die am Anfang fehlende Oberkörperspannung fördert. Die Butterfly Maschine (sitzend), fordert die Brustmuskulatur und den vorderen Deltamuskel in der konzentrischen Phase. Exzentrisch arbeitet auch die Rückenmuskulatur (großer Rund-

muskel) gegen das Gewicht der Maschine. Bei dieser Übung wird also auch die aufzu-
bauende Rückenmuskulatur beansprucht, was die Auswahl dieser Übung erklärt. Um die
Belastung während dem Training auf den Oberkörper ein wenig zu verringern, wurde als
weitere Übung die Beinstreckmaschine (sitzend) gewählt. Eine vom Ablauf her einfache
eingelenkige Übung, die den Aufbau der vorderen Oberschenkelmuskulatur in Gang set-
zen soll. Durch diese Übung sollen die Beine während dem Ganzkörpertraining nicht ver-
nachlässigt werden. Der Latzug zum Nacken (sitzend)ist eine weitere Rückenübung, die
diesmal durch die Arme unterstützt wird. Durch das Runterziehen des Gewichts wird vor
allem die obere Rückenmuskulatur (Trapezmuskel, Latissimus) beansprucht. Unterstüt-
zend bei der Ausführung arbeitet durch das Beugen des Ellenbogengelenks der Bizeps
und der Armbeuger mit. Durch diese Übung soll ebenso eine aufrechte Körperhaltung
trainiert werden, da auch die Arme hierbei die Schultern Richtung dorsal mitziehen und
aus der Beugung ventral lösen sollen. Das ist der Grund, weshalb der Latzug zum Nacken
und nicht zur Brust gewählt wurde. Als letzte Übung wird sich bei der Rückenstrecker-
maschine (sitzend) rein auf den Rückenstrecker fokussiert. Ohne weitere Muskelgruppen
wird das Gewicht der Maschine durch den Rückenstrecker aus gebeugter Position in die
Streckung des Rückens gedrückt. Eine weitere simple Übung, um die Muskulatur im Rücken weiter aufzubauen, wobei sich hier auf den unteren Anteil der Rückenmuskulatur
spezialisiert wird. Alles in allem wurde versucht, die meisten großen Muskelgruppen im
Ganzkörpertraining anzusprechen. Des Weiteren wurde versucht durch verschiedene ex-
zentrische und konzentrische Phasen die Rückenmuskulatur in die meisten Übungen mit
einzubauen.

5 Literaturrecherche

Tab. 10: Darstellung der beiden Primärquellen zum Thema: Krafttraining bei arterieller Hypertonie (eigene
Darstellung)

	Primärquelle 1	Primärquelle 2
Autoren	Coeckelberghs, Ellen, Cornelis-sen, Véronique A., Fagard, Ro-bert H., and Vanhees, Luc	Vlatsas, Stergios
Veröffentlichungsdatum	6.9.2011	16.05.2015
Forschungsfrage	Wie wirkt sich das Krafttraining auf den Blutdruck und andere kardiovaskuläre Risikofaktoren bei Erwachsenen aus?	Ist der kardiovaskuläre Effekt bei einem isometrisches Faust-schlusstraining größer als bei ein aerobem Training?

Versuchspersonen der Studie	33 Versuchsgruppen mit insgesamt 1012 Teilnehmern, welche alle über 18 Jahre alt waren. Es waren 28 Gruppen mit Normalem oder Hochnormalem Blutdruck. 5 Versuchsgruppen mit arterieller Hypertonie. Die Versuchspersonen hatten keine weiteren Krankheiten.	70 Patienten mit bekannter medikamentös behandelter arterieller Hypertonie oder einem Blutdruck ≥ 140/90 mmHg ohne medikamentöse Therapie wurden in drei Gruppen randomisiert.
Versuchsaufbau der Studie	4 Wochen lang betrieben die Versuchspersonen Krafttraining, wobei am Ende der aktuelle Blutdruckwert mit dem Ausgangswert verglichen wurde. Alle Versuche spielten sich zwischen 1987 und 2010 ab. 3 Gruppen führten als Trainingsmethode ein isometrisches Griffkrafttraining durch, wobei die anderen 30 ein dynamisches Widerstandstraining praktizierten. Alle Gruppen wurden während den vier Wochen mit weiteren nichttrainierenden Erwachsenengruppen verglichen.	Gruppe 1 (25 der 70 Versuchspersonen) absolvierte 12 Wochen lang, 5 Mal pro Woche ein isometrisches Griffkrafttraining (Kontraktionen mit 30% der maximalen Kraft). Die zweite Gruppe (23 Patienten) hat dasselbe Protokoll wie die aktive Gruppe durchgeführt. allerdings mit einem Placebo-Gerät und Kontraktionen mit 5% der maximalen Kraft. Die dritte Gruppe (22 Patienten) wurde dazu motiviert, 5 Mal pro Woche für 30-45 Minuten ein aerobes Ausdauertraining zu betreiben. In allen 3 Gruppen erfolgt während der Studie keine zusätzliche Intervention oder Änderung der Vormedikation. Vor und nach dem Versuch wurden mittels 24 Stunden langer Pulswellenanalysen folgende Parameter dokumentiert: Der Augmentationsindex, der Pulsdruck, der zentrale Aortendruck, die Pulswellengeschwindigkeit und die Gefäßelastizitätsindices der großen und kleinen Gefäße und der totale periphere Widerstand.
Ergebnisse und Schlussfolgerungen	Die Ergebnisse der Blutdruckabnahme wurden im Mittelwert zusammengefasst. Das isometrische Griffkrafttraining führte in den 3 Versuchsgruppen zu einer größeren Blutdruckabnahme (-13,5/-6,1) als beim dynamischen	Das aerobe Training führte zu einer statistisch signifikanten Senkung sowohl des systolischen, als auch des diastolischen Blutdrucks in der ambulanten 24-Stunden-Blutdruckmessung (systolisch von 129.1±10.4

Widerstandstraining der weiteren 30 Gruppen (-2,8/-2,7). Insgesamt führte das Krafttraining der Gruppen mit Normalem und Hochnormalen Gruppen zu einer Blutdrucksenkung (-3,9/-3,9). Die Gruppen mit arterieller Hypertonie erfuhren zwar auch eine Blutdrucksenkung (-4,1/-1,5), welche aber zu keiner Abstufung der Blutdruckkategorisierung (siehe Tab. 4) führte. Dass das isometrische Griffkrafttraining dennoch effektiver ist, belegt die Studie nur mit 3 Versuchsgruppen, was diese Aussage nur durch diese Studie nicht festlegen lässt. Insgesamt legt die Studie aber fest, dass Krafttraining wirksam zur Prävention der arteriellen Hypertonie ist. Weiterhin konnte keine signifikante Wirkung auf andere Blutlipide oder Nüchternblutzucker beobachtet werden.	mmHg auf 122.7±11.7 mmHg, und diastolisch von 79.5±8.9 mmHg auf 76.7±10.9 mmHg). Zusätzlich wurde eine Verbesserung der Elastizitätsindices der kleinen (3.8±2.3 auf 5.4±2.9) und der großen Gefäße (9.9±2.9 auf 11.5±3.4) und ein Abfall des totalen peripheren Widerstands (1798±425 auf 1581±352 dyn·s/cm5) gesehen. Isometrisches Training hatte keinen Einfluss auf die ambulante 24-Stunden- Blutdruckmessung. Es zeigte sich ebenfalls keine statistisch signifikante Verbesserung der Gefäßelastizitätsparameter. Die Studie bestätigt den blutdrucksenkenden Effekt aeroben Trainings bei Hypertonikern, wohingegen isometrisches Griffkrafttraining in der untersuchten Kohorte keine blutdrucksenkenden Effekte ausübte.

6 Literaturverzeichnis

Beam, Nicholas W., Fakhoury, Joseph D.. Myers, Allison M. (2017). Resistance Training for Children and Adolescents. Translational Pediatrics.

Borg, Gunnar (2004). Anstrengungsempfinden und körperliche Aktivität. Im deutschen Ärzteblatt.

Coeckelberghs, Ellen, Cornelis-sen, Véronique A., Fagard, Ro-bert H., and Vanhees, Luc (2011). Impact of Resistance Training on Blood Pressure and Other Cardiovascular Risk Factor.

Eifler, Christoph (2013). Empirische Überprüfung der Effekte verschiedener Ansätze zur Intensitätssteuerung im fitnessorientierten Krafttraining. Universität des Saarlandes.

Haupert, Marco (2007). Zur Belastungsbestimmung im fitnessorientierten Krafttraining: eine explorative Studie zur Methodik. Universität des Saarlandes.

Heldt, Ulli (2008). Zirkeltraining Basics (6. Überarbeitete Auflage, S. 9). Meyer & Meyer Verlag Aachen

Höliner RG, Klöckner W, Pussert E, Schneider S (1996). Gesunde Haltung. Von der traditionellen Rückenschule zur Entwicklung einer ganzheitlichen Haltung (S 129-180).

Vlatsas, Stergios (2015). Kardiovaskuläre Effekte eines aeroben versus eines isometrischen Traininsg bei arterieller Hypertonie. Freie Universität Berlin.

7   Tabellenverzeichnis

BEI GRIN MACHT SICH IHR
WISSEN BEZAHLT

- Wir veröffentlichen Ihre Hausarbeit,
  Bachelor- und Masterarbeit

- Ihr eigenes eBook und Buch -
  weltweit in allen wichtigen Shops

- Verdienen Sie an jedem Verkauf

Jetzt bei www.GRIN.com hochladen
und kostenlos publizieren